MIX
Papier aus verantwortungsvollen Quellen
FSC® C020056
FSC www.fsc.org

ISBN 978-3-649-62608-4

Grafische Gestaltung von Thomas Wolters, Internetlitho
Fotos & Illustrationen: www.shutterstock.de

www.coppenrath.de

Hans Kruppa

Glück ist eine Form von Mut

Erzählungen, Gedichte & Gedanken

COPPENRATH

Ermutigung

Steh zu dir,
sooft du auch
gefallen bist.

Nimm dich wahr,
wie lange du dich
auch verleugnet hast.

Bleib dir treu,
sooft du dich auch
noch betrügen magst.

Geh mit dir,
und wenn du dich
tausendmal in die Irre führst.

Nick dir zu,
selbst wenn die ganze Welt
den Kopf über dich schüttelt.

Glaub an dich,
dann hast du einen Glauben,
der dir weiterhilft.

Vertraue dir

Hab keine Angst vor der Zukunft,
denn sie ist ungewiß.
Hab keine Angst vor der Ungewißheit,
denn sie ist die Natur des Lebens.
Hab keine Angst vor der Natur des Lebens,
denn sie ist auch deine Natur.
Hab keine Angst vor dir,
weil du dir vertrauen mußt.

Denn wenn du dir nicht vertraust,
wird es niemand tun.

Leben ist Entscheiden

Leben ist ständiges Entscheiden,
Pendeln zwischen Freuden und Leiden,
Schwanken zwischen Angst und Vertrauen,
Niederreißen und Neuerbauen.
Und jeder ist selbst verantwortlich
für den Lauf des Lebens tief in sich.

Zuversicht

Laß die Hoffnung
siegen über die Angst.
Laß das Vertrauen
siegen über die Ungewißheit.

Und deine Liebe wird
siegen über deine Zweifel.

Kein schlechterer Ratgeber

Die Angst vor der geistigen Freiheit
ist weit verbreitet,
ebenso wie das Bedürfnis
nach einer Doktrin, einer Ideologie,
nach einem bindenden Regelwerk,
an das man sich halten,
an dem man sich festhalten kann,
wenn die Freiheit zu sehr ängstigt.

Angst gilt als schlechter Ratgeber.
Aber du wirst keinen
schlechteren Ratgeber finden
als die Angst vor der Freiheit.

Der Mut kommt aus dem Herzen

Alle reinrassigen Rationalisten
sind Feiglinge im Fluß des Lebens,
die eine Mordsangst vorm Schwimmen haben
und sich krampfhaft an den
Holzbalken des Verstandes festhalten.
Sie gehen nicht unter,
aber sie kommen auch nicht weiter.

Der Mut,
im Fluß des Lebens zu schwimmen,
kommt aus dem Herzen.
Die Kraft, zu sich selbst zu stehen
und seinen eigenen Weg zu gehen,
strömt aus der Seele.
Wer die Stimme seines Herzens mißachtet,
der unterdrückt sich selbst.
Wer die Kraft seiner Seele ignoriert,
der verneint sein eigenes Wesen.

Frei und unfrei

Den wirklich Freien
erkennt man daran,
daß er keine Angst hat,
seine Freiheit zu verlieren.

Der Unfreie
hat sogar Angst davor,
seine Unfreiheit aufzugeben.

Gleich einer Raupe

Wer Angst hat,
sein wahres Wesen zu entdecken,
gleicht einer Raupe,
die sich mit Haut und Haaren
gegen ihre Verpuppung sträubt,
weil sie den Schmetterling
in sich nicht spürt.

Was ist stärker?

Soll das,
was uns so viel
Zukunft versprach,
bereits Vergangenheit sein?
Willst du es wirklich
zu einer Illusion degradieren,
zu einem schönen Traum,
für den kein Platz
in deiner Wirklichkeit ist?

Du kennst die Wahrheit,
auch wenn du versuchst,
sie zu verleugnen,
weil du befürchtest,
mit ihr nicht leben zu können.

Alles hängt davon ab,
was letztlich stärker ist –
deine Angst oder dein Mut.

Die Wichtigkeit des Mutes

Ein Abiturient, der sich im unklaren über seinen weiteren Lebensweg war, fragte bei der Abiturfeier seinen ehemaligen Lieblingslehrer, von dem er eine sehr hohe Meinung hatte: „Welchen Weg soll ich am besten durchs Leben gehen?"

„Am besten den besten", sagte der Lehrer und schmunzelte.

„Mein Vater erwartet von mir, daß ich seinem Beispiel folge, Medizin studiere und Arzt werde, was zweifellos ein sinnvoller Beruf ist. Mein Verstand sagt mir, daß mein Vater recht hat. Doch mein Gefühl wehrt sich mit Händen und Füßen dagegen."

„Treten Sie nicht in die Fußstapfen eines anderen Menschen, auch wenn es noch so verlockend sein mag", riet der Lehrer. „Lassen Sie sich von Ihrem Vater nicht Ihr Leben vorschreiben, selbst wenn er es noch so gut mit Ihnen meint. So einzigartig wie jeder Mensch ist, ist auch sein Lebensweg. Viele riskieren nicht, ihren ureigenen Weg zu suchen, sondern erfüllen lieber die Erwartungen ihrer Eltern und Lehrer oder gehorchen ihren Ängsten oder ihrer Vernunft. Daraus entstehen oft falsche Lebenswege, die in großes Unglück führen können. Ohne eine gute Portion Mut ist es unmöglich, die eigene Berufung zu finden und der eigenen Bestimmung zu folgen."

„Ich muß gestehen, daß ich ein vorsichtiger Mensch bin", sagte der junge Mann. „Sicherheit bedeutet mir viel. Es heißt zwar: Wer nicht wagt, der nicht gewinnt. Aber ebenso wahr ist doch: Wer nicht wagt, der nicht verliert."

„Alle Münzen haben zwei Seiten, auch die Münze der Vorsicht. Sie kann vor Schlechtem schützen, aber sie kann auch Gutes verhindern. Seien Sie mutig und seien Sie ehrlich, vor allem zu sich selbst. Bedenken Sie, daß es im Leben keine Sicherheit gibt, aber unheimlich viel Angst, sie zu verlieren. Lassen Sie sich nicht von dieser Angst verrückt machen, suchen Sie lieber den Sinn Ihres Lebens. Niemand kann das auch nur annähernd so gut wie Sie selbst. Trauen Sie sich etwas zu! Wer immer nur auf Nummer Sicher geht, dem kann sehr viel verloren gehen!"

Der junge Mann war sprachlos, denn er hatte das Gefühl, daß sein ehemaliger Lehrer ihm aus der Seele gesprochen hatte. Er fühlte sich von seinen Worten ermutigt und spürte, daß sie etwas in ihm in Bewegung setzten, das schon lange auf diesen Anstoß gewartet hatte.

Dein grösster Schatz

Pflanze die wertvollen
Saatkörner deiner Liebe
nicht in die unfruchtbaren Böden
der Angst, der Unfreiheit,
der Feigheit und Gleichgültigkeit.

Gehe bewußter und klüger
mit deinem größten Schatz um.

Bestimmungsangst

Wer Angst davor hat,
seiner Bestimmung zu folgen,
und lieber sein Leben bestimmen möchte,
sollte eher Angst vor den Kräften haben,
die ihn daran hindern,
seiner Bestimmung zu folgen.

Ausrede

Manche reden immer
von ihrer Freiheit –

und meinen ihre Angst
vor einer Liebe,
die größer werden könnte
als ihr Egoismus.

Hintergründe

Hinter deiner Härte
verbirgt sich Angst –
und hinter deiner Angst
steht Unsicherheit.

Laß doch die Fassaden fallen,
sei so unsicher,
wie du dich fühlst,
und warte nur:
früher oder später
entdeckst du die Sicherheit,
die ganz tief in dir steckt.

Zuviel

Was fehlte dir noch,
um zu erkennen,
was offensichtlich war,
um zu spüren,
was sich nicht leugnen ließ,
um zu verstehen,
was sich von selbst verstand?

Nein, dir fehlte nichts.
Du hattest zuviel –
Angst.

Vertrauen ins Leben

Nachdem der Applaus des Publikums verebbt war, herrschte eine Weile Schweigen im Saal, als wäre jeder der Besucher in seinen Gedanken versunken.
Auch der Autor schwieg, bis schließlich eine elegant gekleidete Frau in einer der ersten Reihen die Frage stellte: „Was hat Sie dazu bewogen, dieses Buch zu schreiben?“

„Der Impuls stammte von einem Freund, mit dem ich mal ein langes und gutes Gespräch über die Angst geführt hatte“, antwortete der Autor. „Am Ende dieses Gespräches regte er mich dazu an, meine Gedanken schriftlich zu fixieren und zu veröffentlichen, weil er glaubte, daß sie interessant und hilfreich für viele Menschen sein könnten. Irgendwann fing ich tatsächlich versuchsweise damit an, einen Essay über die Angst zu schreiben. Das Thema fesselte mich mehr und mehr, der Essay wurde länger und länger, und schließlich war ein Buch daraus entstanden. Ein schmales Buch, aber mein Lektor meinte, es komme nicht auf die Quantität der Seiten an, sondern auf die Intensität.“

„Ich stimme Ihrem Lektor zu“, sagte die Frau. „Gerade die Kürze Ihres Buches ist seine Stärke. Es beschränkt sich auf das Wesentliche, kein Satz wirkt überflüssig. Es regt an, sich mit der Angst als solcher und mit dem Sinn oder Unsinn der eigenen Ängste auseinanderzusetzen. Mir gefällt ihr Mut zur Subjektivität. Sie stellen sich nicht als psychologisch bemühten Ratgeber dar, quälen den Leser nicht mit Literaturverweisen und Fußnoten, sondern bringen Ihre persönlichen Erkenntnisse über die Angst auf den Punkt – und das unaufdringlich und einprägsam. Mir hat Ihr kleines Buch viel gebracht. Danke, daß Sie es veröffentlicht haben.“

Der Schriftsteller lächelte verlegen.

„Mir hat gefallen, daß Sie die Angst nicht als etwas grundsätzlich Schlechtes darstellen, denn sie hat ja oft einen guten Sinn", ergriff eine Frau in einer der mittleren Sitzreihen das Wort. „Sie kann uns vor Fehlern bewahren, vor Unheil schützen, vor Gefahren warnen. Sie kann unser bester Freund sein."

„Ja, so ist es", stimmte der Autor ihr zu. „Sie kann unser Freund sein, ein guter Freund, der uns zu Achtsamkeit und Vorsicht anhält, wenn und wo dies ratsam ist. Sie kann aber auch unser Feind sein, wenn sie uns dazu bringt, den Teufel an die Wand zu malen, wenn sie uns mutlos macht und lähmt und uns dort Gefahren sehen läßt, wo gar keine sind – oder nur geringe. Unsere Aufgabe ist es, zwischen nützlichen und schädlichen Ängsten zu unterscheiden und die goldene Mitte zwischen übertriebener Furchtsamkeit und zu großem Leichtsinn zu finden. Diese Aufgabe ist oft nicht leicht zu meistern, denn Angst kann sehr ansteckend und besitzergreifend sein, sie kann uns manipulieren und unseren klaren Blick auf die Wirklichkeit trüben. Deshalb kommt es darauf an, unsere Angst zu beherrschen und uns nicht von ihr beherrschen zu lassen."

„Haben Sie nicht auch den Eindruck, daß die Angst in unserer Gesellschaft in der letzten Zeit deutlich gewachsen ist?" meldete sich ein Mann mit einer rauhen Stimme zu Wort.

Ein zustimmendes Raunen ging durch das Publikum.

„Ja, dieses Gefühl habe ich auch", sagte der Autor.

„Haben Sie eine Erklärung für diese Entwicklung?" fragte der Mann.

„Wir leben in unruhigen Zeiten, in denen sich so manches spürbar und schnell verändert hat. Viele Menschen reagieren ängstlich und pessimistisch auf einige dieser Veränderungen, die sie als bedrohlich empfinden. Es liegt in der menschlichen Natur, auf einen Verlust an gefühlter Sicherheit und eine Zunahme von Ungewißheit mit Furcht zu reagieren."
„Und was würden Sie all diesen Menschen raten? Daß sie keine Ängste haben und optimistisch in die Zukunft blikken sollen? Daß alles gut wird?" fragte der Mann.
Der Autor schüttelte den Kopf. „Diese Ängste sind ja nicht aus der Luft gegriffen. Wer sie verharmlost, ist respektlos gegenüber den Menschen, die unter ihnen leiden. Ich weiß nicht, ob alles gut wird. Ich weiß auch nicht, ob alles so schlecht wird, wie viele Menschen zu befürchten scheinen. Niemand von uns kann in die Zukunft blicken. Aber ich glaube, daß es nicht gut ist, sich in Ängste hineinzusteigern. Ängste können eine Eigendynamik entwickeln, sie können sich selbst verstärken und eine so große Macht über einen Menschen gewinnen, daß sie seine Wahrnehmung verengen und seinen Lebensmut schwächen. Und den brauchen wir, gerade in schwierigen Zeiten."
Einige Besucher der Veranstaltung applaudierten.
„Haben Sie persönlich Angst vor der Zukunft?" fragte eine ältere Frau den Autor.

„Nein", antwortete er ohne Zögern. „Ich sehe keinen Sinn darin, denn die Zukunft ist ungewiß. Wenn ich damit anfange, Angst vor dem Ungewissen, dem Unsicheren zu haben, dann komme ich dahin, Angst vor dem Leben zu haben. Denn das Leben ist ungewiß und unsicher, das ist seine Natur. Wie ich mit dieser Unsicherheit umgehe, liegt allein an mir. Und ich habe mich schon als junger Mann entschlossen, konstruktiv mit ihr umzugehen. Sie also zu akzeptieren und mit Herz und Seele im Hier und Jetzt zu leben, es zumindest täglich aufs neue zu versuchen. Denn die unmittelbare Gegenwart ist das einzige, was mir sicher ist. Und diese Gegenwart will ich mir nicht durch Ängste vor einer Zukunft verderben, über die ich viel spekulieren kann, von der ich letztlich aber nichts mit Sicherheit weiß."
„Das kann man so interpretieren, daß Sie den Kopf in den Sand stecken", meldete sich der Mann mit der rauhen Stimme wieder zu Wort.
„Das kann man, wenn man es so will", gestand ihm der Autor zu, „aber ich habe nicht das Gefühl, daß ich den Kopf in den Sand stecke. Ich halte meine Augen offen. Ich nehme Eindrücke und Informationen auf, ich schaue mir regelmäßig an, was in der Welt vorgeht – beziehungsweise das, was die Medien darüber berichten. Und das ist eigentlich täglich aufs neue deprimierend und oft auch beängstigend. Aber ich will nicht täglich deprimiert und ängstlich durch mein Leben gehen. Ich empfinde mein Le-

ben als ein Geschenk, mit dem ich so gut und dankbar wie möglich umzugehen versuche. Ich versuche, es möglichst angstfrei zu genießen, denn Ängste können das Gemüt verdunkeln und die Seele verschließen. Sicherlich kennen Sie alle den Dalai Lama, und wahrscheinlich zweifelt kaum jemand von Ihnen an der Weisheit dieses außergewöhnlichen, immer heiter wirkenden Mannes. Er sagt, der Sinn unseres Lebens bestehe darin, daß wir glücklich sind. Und ich meine, es ist uns unmöglich, auch nur in die Nähe des Glücks zu kommen, wenn wir von Angst erfüllt sind."

„Sie haben eben gesagt, es sei wichtig, zwischen nützlichen und schädlichen Ängsten zu unterscheiden. Wie kann man denn eine nützliche Angst von einer schädlichen Angst unterscheiden?" fragte ein etwas schüchtern wirkender junger Mann.

„Das ist oft nicht einfach, weil bei dem Versuch einer solchen Unterscheidung eine Anzahl von unterschiedlichen, oft widersprüchlichen inneren Kräften gegeneinander kämpfen: Veranlagungen, Erfahrungen, die Vernunft, das Gefühl, die persönliche Risikobereitschaft, das Wissen, der Instinkt, die Intuition, der Mut. Ein konkretes Beispiel: Ein Mensch, der in der Liebe tief verletzt worden ist, wird in der Regel Schwierigkeiten damit haben, sich wieder zu öffnen und zu vertrauen, wenn er sich aufs neue verliebt.

Ein anderer wird es trotz seiner schmerzhaften Erfahrungen wagen, sich erneut der Liebe hinzugeben, weil er sich nicht zum Sklaven seiner Verletzung machen will und sich zutraut, auch eine eventuelle weitere Enttäuschung zu verkraften. Es kommt nicht nur auf unsere Erfahrungen an, sondern auch darauf, was wir aus ihnen machen."

„Da Sie eben die Vernunft angesprochen haben: Im Hinblick auf Ängste ist sie oft machtlos gegen das Gefühl, gegen das Irrationale", warf ein älterer Mann ein. „Mein Bruder hat noch nie in seinem Leben ein Flugzeug betreten, obwohl er genau weiß, daß es das mit Abstand sicherste Verkehrsmittel ist. Er wollte schon immer Nordamerika bereisen, und im letzten Jahr ist er dann auch dort hingefahren. Mit dem Schiff."

Der Autor nickte. „Ängste können sehr irrational sein. Mit Vernunft und Statistiken ist ihnen häufig nicht beizukommen. Ängste sind auch oft Krankheiten der Seele oder deren Symptome, die das Leben der Betroffenen stark belasten können. Es kann sehr schwierig und langwierig sein, einen Menschen von krankhaften Ängsten zu heilen. Selbst für die besten Psychotherapeuten."

Das nachdenkliche Schweigen im Saal wurde von einer Frau im mittleren Alter beendet: „Ich hatte beim Lesen Ihres Buches den Eindruck, daß Sie ein weitgehend angstfreier Mensch sind. Dieser Eindruck hat sich heute bestätigt. Wie gelingt Ihnen das? Haben Sie eine Methode, eine Strategie, sich Ängste vom Hals zu halten? Wenn ich mich in meinem Freundes- und Bekanntenkreis umsehe, finde ich kaum einen Menschen, der nicht unter irgendwelchen Ängsten leidet."

„Die menschliche Seele ist ungemein phantasievoll, wenn es darum geht, Ängste zu entwickeln. Es gibt Hunderte von Phobien, darunter so exotische wie die Angst vor Hühnern, vor Knoblauch, vor Büchern, vor kleinen Gegenständen, vor bestimmten Zahlen. Die Angst, von Enten beobachtet zu werden."

Einige Besucher lachten.

„Die Angst, von Enten beobachtet zu werden?" fragte ein junger Mann ungläubig.

„Ja. Diese Angst nennt sich Anatidaephobie. Es gibt viele Phobien, die schwer nachzuvollziehen sind. Aber es gibt auch so verständliche Phobien wie die Angst vor Schmerzen, vor Viren, Bakterien, vor Krankheiten, vor dem Verlust geliebter Menschen, vor dem Tod, vor dem Neuen, dem Unbekannten."

„Sie haben mir nicht auf meine Frage geantwortet, warum Sie ein weitgehend angstfreier Mensch sind", erinnerte die Frau den Autor.

„Sorry, ich habe mich ablenken lassen. Warum bin ich weitgehend angstfrei? Eine Methode oder Strategie habe ich nicht, zumindest keine bewußte. Ich war schon als kleines Kind mutig und vertrauensvoll, bin bei Spaziergängen mit meiner Mutter voller Begeisterung auf entgegenkommende große Hunde zugegangen, um sie zu umarmen. Meine Mutter hatte dabei öfter Angst um mich, aber mir ist nie etwas passiert. Ich hatte wohl schon immer ein gewisses Vertrauen ins Leben und einen guten Instinkt dafür, was ich tun konnte und was ich besser lassen sollte. Ich glaube, eine der besten Waffen, mit denen man schädliche Ängste bekämpfen kann, ist Vertrauen ins Leben."

„Sind Sie denn nie auf den Bauch gefallen?" fragte die Frau.

„Natürlich bin ich das, wie wir alle, aber das hat meine Risikofreude nicht nennenswert geschwächt. Es ist ein Klischee, aber es stimmt nun mal: Wer nicht wagt, der nicht gewinnt. Aber er muß in Kauf nehmen, daß er auch mal verliert."

„Haben Sie eigentlich Angst vor dem Tod?" fragte ein älterer Mann. „Vor der endgültigen Auslöschung Ihrer Existenz – vor dem Nichts? Oder glauben Sie an die Unsterblichkeit der Seele?"

„Ich glaube nicht gerne, ich weiß lieber. Und da ich nicht wissen kann, was nach dem Tod mit mir geschieht, lebe ich mit dieser Ungewißheit. Vielleicht ist meine Seele unsterblich und wird ohne meinen Körper weiterleben. Vielleicht wird sie sich, wie die Buddhisten es glauben, in einem neuen Körper reinkarnieren. Aber auch wenn mein

Tod total ist und nichts mehr von mir übrig läßt als Staub und Asche, habe ich keine Angst vor ihm. Ich fürchte das Nichts nicht, denn im Nichts wäre ich ein Nichts, und ein Nichts kann nicht darunter leiden, ein Nichts zu sein."

Wieder entstand ein nachdenkliches Schweigen im Saal, das die Frau beendete, die sich zuallererst zu Wort gemeldet hatte: „Wenn Sie die zentrale Botschaft Ihres Buches in wenigen Sätzen zusammenfassen müßten, wie könnte sie lauten?"

„Vielleicht so: Lerne, zwischen nützlichen und schädlichen Ängsten zu unterscheiden. Laß dich von den nützlichen Ängsten zur Achtsamkeit und Vorsicht motivieren. Versuche, die schädlichen Ängste zu durchschauen und abzubauen, denn sie vermindern letztlich deine Lebensqualität. Finde das Gleichgewicht zwischen Überängstlichkeit und Tollkühnheit. Aber ich möchte dazu sagen, daß ich mein Buch nicht geschrieben habe, um Botschaften zu verkünden. Es ist nur das Ergebnis einer sehr intensiven geistigen und emotionalen Beschäftigung mit einem komplizierten und komplexen Thema. Der subjektive Versuch, im Rahmen meiner bescheidenen Möglichkeiten Licht in dunkle Bereiche der menschlichen Seele zu werfen. Einen Ratgeber wollte ich nicht schreiben, nur einen Essay. Ich bin kein Psychologe, kein Wissenschaftler. Das Wort Essay stammt aus dem Französischen und bedeutet nichts anderes als Versuch."

„Ich finde Ihren Versuch gelungen", sagte eine junge Frau in einer der mittleren Sitzreihen. „Vielleicht gerade deshalb, weil er sich nicht als Ratgeber versteht. Ratgeber haben oft so etwas Guruhaftes, Dogmatisches. Ihr Buch läßt mir die Freiheit, Ihre Gedanken anzunehmen oder abzulehnen, Ihre Perspektiven auszuprobieren und mit meinen eigenen zu vergleichen. Es hat mich nachdenklich gemacht. Es hat mich inspiriert, den Umgang mit meinen Ängsten neu zu überdenken. Danke!"

Wieder lächelte der Autor verlegen und senkte den Blick auf seine Hände.

„Haben Sie vielleicht Angst vor Komplimenten?" fragte die junge Frau.

Einige im Publikum lachten.

„Nein", sagte der Autor. „Ich freue mich darüber."

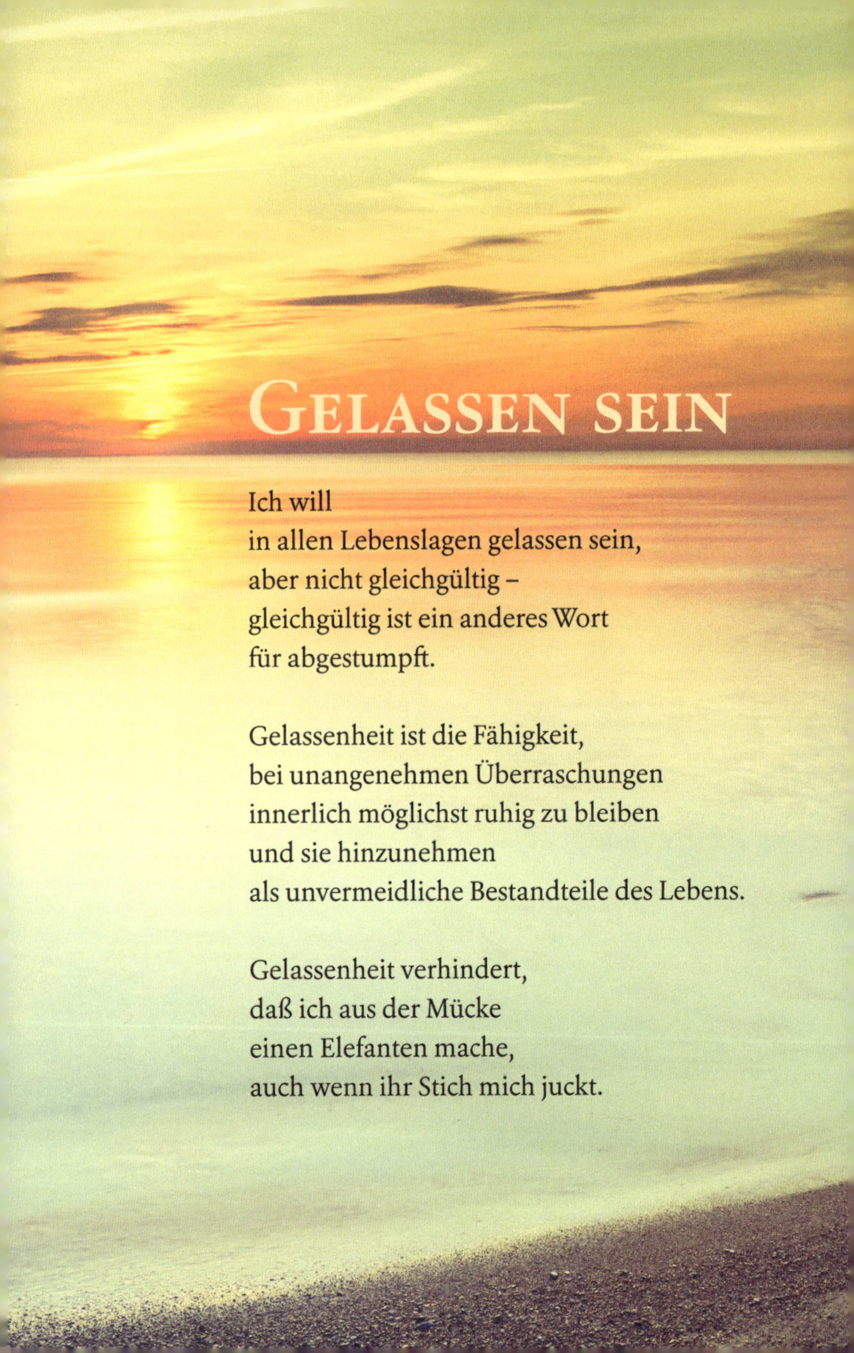

Gelassen sein

Ich will
in allen Lebenslagen gelassen sein,
aber nicht gleichgültig –
gleichgültig ist ein anderes Wort
für abgestumpft.

Gelassenheit ist die Fähigkeit,
bei unangenehmen Überraschungen
innerlich möglichst ruhig zu bleiben
und sie hinzunehmen
als unvermeidliche Bestandteile des Lebens.

Gelassenheit verhindert,
daß ich aus der Mücke
einen Elefanten mache,
auch wenn ihr Stich mich juckt.

Bleibe geduldig

Verliere nicht deinen Mut
und deine Hoffnung,
wenn du eine
seelische Durststrecke
überstehen mußt.

Bleibe geduldig,
anstatt wertvolle Kraft
an Zweifel zu verschwenden,
die deinen Schritt schwer
und deinen Blick unsicher machen.

Sich abfinden

Es hat wenig Sinn,
sich mit der Angst
vor dem Unvermeidlichen,
dem Natürlichen zu quälen –
wie etwa der Vergänglichkeit
und ihren Auswirkungen
auf unser Leben.

Klüger ist es,
sich darauf einzustellen,
sich damit abzufinden
und dem Unvermeidlichen
seine besten Seiten abzugewinnen,
anstatt sie sich durch
sinnlosen Widerstand zu verbauen.

Mutig sein

Mutig sein heißt,
keine Angst zu haben,
daß ein Wagnis mißlingt,
das man eingeht.

Und es heißt auch,
sich die Kraft zuzutrauen,
wieder von vorn anzufangen,
falls es doch mißlingt.

Angstmauern

Aus Angst
bestehen die Mauern
innerer Gefängnisse,
Angst vor
der Grenzenlosigkeit
des eigenen Bewußtseins.

Nur wer angstfrei ist,
kann sich befreien.

Der Gelassene

Der Gelassene schweigt,
wo andere klagen
und sich die Haare raufen,
denn er weiß,
daß nichts von Dauer ist –
außer der Vergänglichkeit.
Er ist nicht gleichgültig,
er ist gleichmütig.
Er ruht in sich.
Seine Ruhe ist
ein Geschenk für alle,
die es anzunehmen verstehen.

Keine Angst

Zwei nebeneinander stehende, fast abgebrannte Kerzenstummel kamen ins Gespräch.
„Es geht zu Ende mit uns", sagte der eine zum anderen. „Vielleicht haben wir noch zwanzig Minuten, vielleicht auch nur noch zehn. Hast du auch Angst vor dem Erlöschen?"
„Nein. Warum sollte ich Angst vor dem Unvermeidlichen haben? Es würde alles nur schlimmer machen."
„Du gibst also zu, daß es schlimm ist!"
„Ja, schon. Aber ich will mein Dasein noch genießen, solange es möglich ist. Die Angst vor dem Ende würde mir den Genuß verderben."
„Wie kannst du etwas genießen, das jeden Moment vergehen kann?"
„Gerade deshalb genieße ich es um so mehr."

Haltungsabhängig

Wie so vieles ist auch die Angst
von unserer Haltung abhängig.
Schenken wir der Angst
viel Aufmerksamkeit,
füttern wir sie damit
und machen sie immer stärker.
Entziehen wir ihr
unsere Aufmerksamkeit,
wird sie kleiner und kleiner.

Wir haben die Macht,
die Macht zu beeinflussen,
welche die Angst über uns hat.

Führung

Das Leben ist
eine Führung zu uns selbst,
wenn wir vertrauensvoll
genug sind,
uns führen zu lassen.

Gelassenheit

Zu den wichtigsten Fähigkeiten,
die es im Leben zu erwerben gilt,
zählt die Gelassenheit.
Hat man sie einmal
tief in sich verankert,
ist sie eine Hilfe,
die man nicht mehr missen möchte.

Sei wachsam

Das Leben ist
kein gepflegter botanischer Garten,
es ist ein wilder Dschungel
voller Gefahren und Tücken,
aber auch voller Möglichkeiten
und glücklicher Fügungen.
Darum sei wachsam auf deinem Weg,
aber nicht ängstlich,
denn die Angst ist eine
der größten Feindinnen dessen,
der echte Erkenntnis sucht.

Lebensangst

Die Menschen, die dir in deinem Leben
etwas Schlechtes angetan haben,
dürfen dich nicht daran hindern,
die Menschen zu erkennen,
die dir etwas Gutes geben können –
sonst wirst du zum
Opfer deiner Enttäuschungen
und beraubst dich der Möglichkeit,
deine negativen Erfahrungen
durch positive auszugleichen.

Viele scheinen sich in der Opferrolle
des allzu oft Enttäuschten zu gefallen.
Es ist sehr schwierig, ihnen zu helfen,
denn sie sehen in jedem möglichen Helfer
eine Bedrohung, eine Gefahr, einen Feind.

Dabei sind sie selbst ihr größter Feind –
und ihre Angst vor anderen Menschen
ist im Grunde Angst vorm Leben,
Angst vor sich selbst.

Bedingung

Nur wer gewisse
seiner Ängste überwindet,
kann die befreiende
Erfahrung machen,
daß er sie nie
hätte haben müssen.

Allein deshalb

Die Tragik des Ängstlichen
besteht darin,
daß er manches Gute,
das er erleben könnte,
allein deshalb nicht zuläßt,
weil er Angst davor hat,
er könnte es wieder verlieren,
nachdem er es gewonnen hat.

Machthungrig

Wenn du deine Ängste
nicht beherrschst,
läufst du Gefahr,
von ihnen beherrscht zu werden,
denn sie sind sehr machthungrig,
und wenn du ihnen
den kleinen Finger gibst,
kannst du sicher sein,
daß sie die ganze Hand nehmen.

Die Gesichter des Verstandes

Der Verstand hat zwei Gesichter,
das eines Freundes und das eines Feindes.
Oft schützt er uns mit seiner Skepsis vor Fehlern,
die wir ohne seine Hilfe begehen würden.
Doch manchmal führen gerade seine Zweifel,
die uns vor Problemen schützen sollen,
uns in tiefe Irrtümer und Schwierigkeiten.

Der Verstand hat Angst vor allem,
was seine Macht bedroht oder gefährdet.
Er fürchtet die Intuition des Herzens
und die Intelligenz der Seele,
die uns Einsichten schenken können,
die der Verstand nie verstehen wird.

Er ist wie ein Gott,
der keine anderen Götter neben sich duldet –
und schon gar nicht über sich.

Dürre Erde

Etwas Schönes zu beenden,
bevor es eigentlich beginnt,
ist der beste Weg,
Regen von
dürrer Erde fernzuhalten,
die Angst davor hat,
fruchtbar zu werden.

Entrüstet euch

Die Rüstung Angst umschließt
panzergleich inneres Leben,
um vor Verletzungen zu schützen,
doch in ihr stirbt Lebendigkeit
an Atemnot und mangelnder
Bewegungsfreiheit.

Was ist zu halten
von einer Vorbeugung,
die den Patienten abtötet,
um ihn zu behüten?

Ist es nicht Zeit,
sich zu entrüsten
und Wege freizulegen,
auf die sich schutzlos
wagen kann, was nur
im Offenstehen
überhaupt besteht?

Selbstbetrug

Wenn du zu lange zögerst,
ins warme Wasser zu springen,
wird es kalt in der kühlen Luft
deiner Skepsis und Bedenken.

Und deine Ängste finden schließlich
ihre Bestätigung durch sich selbst.

Nützliche Dienerin

Die Angst
ist eine gute Dienerin,
die unaufhörlich
danach strebt,
Herrin zu werden.

Als Dienerin
ist sie sehr nützlich,
hilfreich und ehrlich,
als Herrin ist sie
sehr gefährlich.

Solange

Die Mutter aller Freiheiten
ist die Angstfreiheit.
Solange noch Angst besteht,
fällt die Freiheit
ihr zum Opfer.

Isolationshaft

Ist es nicht seltsam,
daß manche Menschen
wie in seelischen Einzelzellen leben –
und nichts sie so sehr ängstigt
wie ein Mensch mit einem Schlüssel,
der in das Schloß ihrer Zellentür paßt?

Die ewige Angst

Nicht die
Sehnsucht nach Erfüllung,
nicht der Wunsch zu lieben,
nicht die Bereitschaft zu lernen,
nicht der Wille zum Glück
bestimmen das Handeln
vieler Menschen,
sondern die Angst
vor Verletzungen,
vor Enttäuschungen,
vor der Wiederholung
schlechter Erfahrungen,
die Angst vor dem anderen.

Stimmen

Die Sehnsucht flüstert:
Komm, laß dich auf das Schöne ein!
Doch die Angst sagt nein.

Die Hoffnung fleht dich an:
Das könnte eine große Chance sein!
Doch die Angst sagt nein.

Das Vertrauen rät dir:
Geh dieses Wagnis ein!
Doch die Angst sagt nein.

Die Liebe bittet dich:
Laß diesen Menschen in dein Leben ein!
Doch die Angst sagt nein.

Der Mut ruft leidenschaftlich:
Laß die Angst nicht dein Verhängnis sein!
Und die Angst knickt ein.

Fataler Magnetismus

Manchmal ist es
gerade die Angst
vor bestimmten Ereignissen,
die dazu führen kann,
daß diese Ereignisse
tatsächlich eintreffen –
als hätte die Angst
einen fatalen Magnetismus,
der ebendas anzieht,
was sie befürchtet.

Saboteure

Unnötige Ängste
können gar nicht anders,
als alles zu sabotieren,
was ihre Macht
in irgendeiner Weise
gefährden könnte.

Besser als nichts

Eines Tages, ganz ohne Vorwarnung, bekam die Angst vor sich selbst Angst. Sie geriet gewissermaßen in eine Identitätskrise.

Soll das wirklich der Sinn meines Lebens sein, immer so verkrampft und furchtsam durch das Leben zu gehen, hinter jeder Ecke Schreckliches vermutend, in jedem Menschen Böses erahnend, in jedem Augenblick mit einem Schlag des Schicksals rechnend?

Wann bin ich eigentlich zum letzten Mal entspannt und gelassen gewesen, fragte sie sich und korrigierte die Frage sogleich: Bin ich überhaupt jemals entspannt und gelassen gewesen, oder wurde ich bereits so verspannt, mißtrauisch und skeptisch geboren? Warum kann ich nicht lächeln, nicht lachen, mich nicht freuen und schon gar nicht mich auf etwas freuen, weil ich ja weiß, daß die Vorfreude nicht die schönste, sondern die tückischste Freude ist. Denn man kann nie wissen, und alles Schlimme, was geschehen kann, wird irgendwann geschehen.

Die Angst seufzte und hätte sich jetzt am liebsten eine Zigarette angezündet, um sich zumindest die Illusion einer gewissen Gelassenheit zu vermitteln, aber die Furcht vor Lungenkrebs, die – wie zahllose andere Befürchtungen – tief in ihren Eingeweiden saß, hielt sie davon ab. Außerdem hatte sie eh keine Zigaretten dabei und hätte sich eine

erschnorren müssen, was sie aus Angst vor Zurückweisung ohnehin nicht tun würde.
Ich muß mich ändern, dachte sie, das ist ein Hundeleben, das ich führe, an jede Wand male ich zwanghaft den Teufel, in jedem Menschen sehe ich zwanghaft den Verräter, in jedem neuen Tag sehe ich zwanghaft das Datum eines großen Unglücks. Warum bin ich so furchtbar negativ, so schrecklich verkorkst, wofür muß ich büßen? Weshalb darf ich nicht wenigstens ab und zu mal ein bißchen Spaß haben, ein paar Minuten Sorglosigkeit genießen? Ja, warum muß ich mir immer Sorgen machen und mit dem Schlimmsten rechnen?
Mein Magen tut mir wieder weh, bestimmt habe ich Magengeschwüre, ich sollte zum Arzt gehen, nein, besser nicht, er diagnostiziert bestimmt etwas noch Schlimmeres, Magenkrebs zum Beispiel, im fortgeschrittenen Stadium – nein, kein Arzt, ich muß das selbst in den Griff kriegen. Fragt sich nur, wie. Als Angst zu leben, ist anstrengend, so anstrengend, das macht krank, seelisch und körperlich. Und wo ist der Sinn des Ganzen?
Manchmal habe ich einfach keine Lust mehr. Wenn ich die Sorglosigkeit sehe, wie sie heiter durch die Gegend tänzelt, wird mir schlecht vor Neid. Wenn ich das Vertrauen sehe, wie es sich selig ins Leben fallenläßt, könnte ich schreien vor Wut darüber, daß ich dem Leben mißtraue. Und wenn ich die Liebe sehe, wie sie strahlt und leuchtet, verkrampft

sich mein ohnehin verkrampftes Herz noch mehr, weil ich spüre, was mir alles entgeht.
Wenn ich nur wüßte, wohin mit meinem Elend! Ich kann einfach nicht aus meiner Haut, bin gefangen in mir selbst, ich habe keine andere Wahl, als mit mir zu leben.
Ich sollte positiv denken und mich so akzeptieren, wie ich nun mal bin. Aber das ist so schwer! Wenn ich mich doch wenigstens mal für ein paar Stunden ignorieren und in einen Rausch des Selbstvergessens sinken könnte! Aber wie? Vielleicht sollte ich mich mal so richtig betrinken! Aber ich traue mich nicht. Nachher komme ich noch auf den Geschmack und ende als Alkoholikerin. Oder sterbe an einer Alkoholvergiftung. Und sterben will ich auf keinen Fall, weil nach dem Tod alles ja noch schlimmer werden könnte. Ich muß mich mit mir abfinden, es gibt keinen Ausweg aus mir selbst. Ich bin mein eigener lebenslänglicher Gefangener.
Manchmal sehe ich in den Himmel und träume von der Freiheit. Ich muß mir diese Träume abgewöhnen, sie machen mir das Leben noch schwerer, als es ohnehin schon ist. Eine gute Gefängniszelle zeichnet sich dadurch aus, daß sie kein Fenster hat, durch das man den Himmel sehen kann. Ich werde dieses Fenster zumauern, damit ich in völliger Dunkelheit leben kann. Vielleicht wird es dann etwas leichter, dieses Leben, das eine so große Last ist. Aber es ist mein Leben. Und das ist besser als nichts.

Alle Achtung

Eins muß man
der Angst lassen:
Sie hat den Mut,
sich selbst zu ertragen.

Oberflächlich

Wer Angst davor hat,
sich selbst
auf den Grund zu gehen,
wird alles
und alle anderen
auch nur oberflächlich sehen.

Schattenmenschen

Viele Menschen
vernachlässigen oder verleugnen
ihre besten und schönsten
Entfaltungsmöglichkeiten
und bleiben ein Schatten dessen,
was sie hätten werden können –

aus Angst vor dem Leben,
Angst vor sich selbst,
Angst vor der Liebe.

Die Diktatur der Angst

Die Angst ist
von Natur aus diktatorisch.
Sie gilt als schlechter Ratgeber,
doch ihre Macht ist groß
und unterdrückt oft
jede Frage nach ihrem Sinn.

Nur der Rebell kann sie überwinden,
der Lebensmutige,
der das Wagnis eingeht,
sinnlose Ängste zu besiegen,
um seine Möglichkeiten auszuschöpfen.

Wer nicht rebelliert,
der verliert.
Wer nicht wagt,
der verzagt.

Umarme das Glück

Gehe ins Glück,
wenn es dir die Tür öffnet.
Hab keine Angst,
öffne dich seinem frischen Zauber –
umarme es!
Das Glück wartet nicht auf den,
der es warten läßt.
Es flüchtet vor dem Zögerlichen,
entzieht sich dem Skeptiker,
meidet den Angsthasen und macht
einen großen Bogen um den Verbitterten.
Halte dein Herz immer so frei,
so jung, so mutig,
daß es keinen Augenblick zögert,
dem Glück offen und vertrauensvoll
in die Augen zu sehen,
wenn du ihm begegnest.
Bitte es ohne Worte, so lange zu bleiben,
wie es ihm möglich ist.

Es ist das wahre Leben.

Jedesmal

Jedesmal, wenn das Glück uns
seine Hand ausstreckt,
sollten wir keine Sekunde zögern,
sie zu ergreifen,
auch wenn es sich hinterher
als eine Illusion herausstellen sollte.
Es wäre ein großer Fehler,
aus Angst vor einer Enttäuschung
sich einem möglichen Glück zu verschließen,
anstatt es zu umarmen,
als sei es die Rettung aus dem Alltagsmittelmaß –
was es ja auch ist.

Vertraue deiner Sehnsucht

Deine Sehnsucht nach dem Glück
ist ein guter Wegweiser.
Sie führt dich zu dem, was deine Seele braucht.
Deshalb hab keine Angst vor deiner Sehnsucht,
sondern schenke ihr dein Vertrauen,
auch wenn sie dich auf Wege führt,
die dein Verstand mit Skepsis betrachtet.

Wer seiner Sehnsucht
nach dem Glück nicht vertraut,
vertraut sich selber nicht.

Das Geheimnis

Lebe so ruhig und bescheiden
wie möglich und hab keine Angst!
So hat eine über hundert Jahre
alte Italienerin auf die Frage
nach dem Geheimnis
ihres hohen Alters geantwortet.

Dem ist nicht viel hinzuzufügen.
Bescheidenheit und Angstfreiheit
sind lebenserhaltende Eigenschaften.
Und auch ein ruhiges Leben
ist durchaus zu empfehlen –
aber in der Ruhe sollte Leben sein.

Kräfteverhältnis

Die Angst davor,
von dem Zauber der Liebe
überwältigt zu werden,
zerstört ihn unweigerlich.

Die Sehnsucht,
den Zauber zu erleben,
muß stärker sein
als die Angst,
sich in ihm zu verlieren.

Sichtweisen

Skeptische Blicke
finden überall Mängel.

Nur vertrauensvollen Augen
offenbart das Leben
seine ganze Schönheit.

Geniesse dein Glück

Es gibt überall einen Ort
und immer eine Zeit,
glücklich zu sein,
ohne daß du deshalb
den Kopf in den Sand stecken mußt.
Du verdrängst und verleugnest nicht,
was tagtäglich in der Welt geschieht,
aber du läßt es nicht dein Glück zerstören.
Du verteidigst es,
wie du deinen Körper verteidigen würdest
gegen einen Angriff.

Auch wenn dein Glück vergehen wird –
genieße es in vollen Zügen,
ohne es mit deiner Angst
vor seinem Ende zu schwächen.
Verlustangst sabotiert deine Freude
und überschattet deinen Genuß.

Zwischen Sehnsucht und Angst

Zwischen Sehnsucht und Angst
pendeln wir:
Angst, verletzt zu werden –
und Angst zu verletzen;
Sehnsucht nach Liebe,
nach Erfüllung unserer Träume …

Was uns Glück verspricht,
was uns innere Heimat sein könnte,
zerrinnt traumgleich gerade dann,
wenn wir es am meisten brauchen –
und die Enttäuschung treibt uns
viel zu weit lebensabwärts,
ohne die Kraft,
gegen den Strom zu schwimmen –

bis uns unverhofft
neue Hoffnung zuströmt –
aus Quellen,
die unerschöpflich scheinen.

Glück erfordert Mut

Eine Frau saß mit einem guten Freund, dessen tiefes Lebenswissen sie schon immer bewundert und geschätzt hatte, im Garten und fragte ihn spontan: „Warum können wir Menschen nicht so glücklich sein wie die Vögel?“

„Woher willst du wissen, daß die Vögel glücklich sind?“ fragte er.

„Nun, wenn ich sie beobachte, empfinde ich es so. Sie wirken so heiter und fröhlich, voller Energie und unbeschwert.“

„Ich sah neulich einen Vogel in einem Baum sitzen“, sagte der Freund, „der ziemlich unglücklich aussah. Er hockte stumm und starr auf einem Ast, als hätte er das Singen und Fliegen verlernt.“

„Dann frage ich dich einfach“, sagte die Frau, „warum wir Menschen nicht glücklich sein können.“

„Wir können es, aber sehr viele Menschen wollen es gar nicht. Sie haben Angst davor, glücklich zu sein. Denn wenn man glücklich ist, hat man sehr viel zu verlieren – nämlich sein Glück. Sie gehen an das Leben heran wie eine junge Frau, die sich in einen jungen Mann verliebt hat, aber ihre Gefühle unterdrückt, weil sie Angst davor hat, verletzt, verraten und verlassen zu werden. Sie versagt sich eine glückliche Gegenwart, um eine möglicherweise unglückliche Zukunft zu vermeiden. Sie hat nicht verstan-

den, daß das wahre Leben nur in der Gegenwart stattfinden kann. So wie sie sind viele Menschen. Sie bevorzugen das Gewohnte, das Sichere, auch wenn es sie deprimiert und traurig macht. Sie leben nach dem Motto: Lieber das bekannte Unglück als das unbekannte Glück. Aber was wolltest du mich eigentlich fragen?“
„Warum ich nicht glücklich bin“, gestand die Frau.
„Ich habe dir bereits die Antwort gegeben“, sagte ihr Freund. „Wer das Glück gewinnen will, muß die Angst überwinden, es wieder zu verlieren. Glück erfordert Mut. Den Mut, die Dinge zu tun, die dich glücklich machen, und die Dinge aufzugeben, die dich unglücklich machen.“
„Das klingt so einfach“, sagte die Frau.
„Das ist es auch“, erwiderte ihr Freund. „Aber der Mensch ist das einzige Lebewesen der Welt, das sich das Leichte schwermachen kann.“

Falsche Prioritäten

Die Angst mancher Menschen
vor der Liebe ist noch größer
als ihre Angst vor einem lieblosen,
unerfüllten Leben.

Sie setzen sich falsche Prioritäten.

Wer sich der Liebe verweigert,
verbaut sich den Weg
in den Bereich des Lebens,
in dem die Wirklichkeit
den Traum übertreffen kann
und die Frage
nach dem Sinn des Seins
ihre tiefste und ihre
schönste Antwort findet.

Sinnlose Ängste

Solange ein Mensch sich nicht
von seinen sinnlosen Ängsten
vor dem Leben befreit hat,
wird er nie verstehen,
was Leben überhaupt bedeutet,
was Liebe bewirken,
was Freiheit sein kann,
was Weisheit ist.

Bleibe gelassen

Begegne allen
Widrigkeiten des Lebens
mit Gelassenheit,
und du wirst
deine innere Ruhe bewahren,
die du brauchst,
um die Glücksmomente auszukosten,
die das Leben dir schenkt.

Hab nie Angst vor dem Ende

Hab nie Angst vor dem Ende,
wenn etwas Schönes anfängt.

Kein Preis ist zu hoch
für erlebtes Glück,
keine Trauer zu tief,
keine Enttäuschung zu schwer.

Leben heißt bereit sein,
irgendwann zu sterben.
Lieben heißt bereit sein,
irgendwann Abschied zu nehmen.

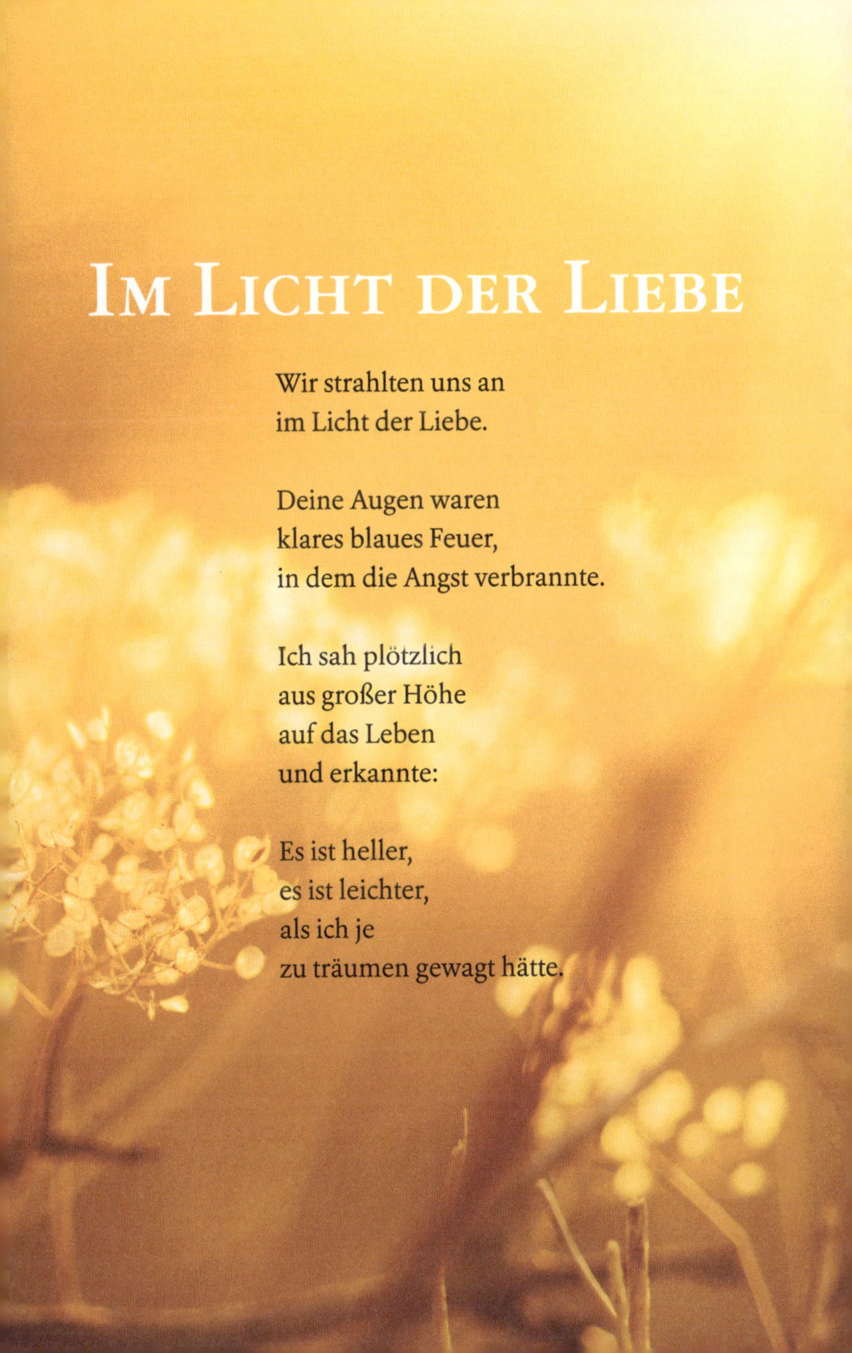

Im Licht der Liebe

Wir strahlten uns an
im Licht der Liebe.

Deine Augen waren
klares blaues Feuer,
in dem die Angst verbrannte.

Ich sah plötzlich
aus großer Höhe
auf das Leben
und erkannte:

Es ist heller,
es ist leichter,
als ich je
zu träumen gewagt hätte.

Nur Hand in Hand

Wir wollen
uns nicht verlieren,
doch wir haben uns noch
nicht wirklich gefunden.

Die Suche hat uns schon
einige Versuche gekostet,
die gescheitert sind.

Noch habe ich genügend Mut
für einen letzten Sprung
vom Turm der Ängste
ins Wasser der Ungewißheit.

Aber nur
Hand in Hand mit dir.

Ganzes Vertrauen

Die Angst davor,
von dem Zauber
überwältigt zu werden,
zerstört ihn unweigerlich.
Die Magie zwischen uns
braucht unser ganzes Vertrauen,
um sich entfalten zu können.
Die Sehnsucht,
den Zauber zu erleben,
muß stärker sein als unsere Angst,
sich darin zu verlieren –

sonst bleibt es bei der Nüchternheit,
sonst bleibt es beim Alltäglichen.

Voraussetzung

Im Meer der Liebe
kannst du nur schwimmen,
wenn du bereit bist,
alle Ängste abzulegen,
vor allem die Angst
vor dem Ertrinken.

Die Freiheit des Herzens

So viele Partnerschaften
werden weniger durch Liebe erhalten
als durch die Angst,
den anderen zu verlieren,
weniger durch gemeinsames Glück
als durch einsame Verlustängste,
die nichts so sehr fürchten
wie die Freiheit des Herzens –
die Atmosphäre wirklicher Liebe.

Wie Feuer und Wasser

Liebe und Angst
sind wie Feuer und Wasser.
Angst will Sicherheit,
Liebe kann nichts garantieren;
Angst will Kontrolle,
Liebe braucht Vertrauen;
Angst erniedrigt Menschen
zu Besitztümern und Machtobjekten,
schafft unsichtbare Gitter und Mauern –
Liebe wächst und blüht
nur in bedingungsloser Freiheit.

Wie Vögel im Käfig

So viele Menschen
haben Angst vor der Liebe:
weil sie alles verändert
und ihnen die Kontrolle
über ihre Lebensführung
aus den Händen nimmt,
um ihnen ein freieres
Leben zu bieten.

Menschen, denen Sicherheit
wichtig ist,
fürchten die revolutionäre
Kraft der Liebe,
die in einer Nacht
alles umstürzen kann,
was sie bislang
für gut und richtig hielten.

Und sie bekämpfen sie
mit allen Mitteln,
bekämpfen ihre Befreierin,
denn sie leben lieber
weiterhin in der Gefangenschaft
ihrer Routine, ihrer Ängste,
ihres vorprogrammierten Alltags.

Sie gleichen eingesperrten Vögeln,
die in zu langer Gefangenschaft
den Glauben daran verloren haben,
daß sie fliegen,
daß sie frei sein können.
Öffnet eine helfende Hand
ihnen die Tür,
bleiben sie wie gelähmt
in ihrem Käfig sitzen
und meiden den Blick ins Freie.

Verlustangst

Verlustangst in der Liebe
ist menschlich,
aber destruktiv.
Sie vergiftet unsere Freude
an dem Glück,
das wir gefunden haben,
überschattet unseren Genuß
und läßt uns im Sonnenschein
kalte Hände bekommen.

Liebe ist ein Geschenk

„Ich bin ein Teil von dir“, sagte die Eifersucht in vorwurfsvollem Ton zu der Liebe. „Warum versteckst du mich, als würdest du dich für mich schämen?“
„Du bist kein Teil von mir“, erwiderte die Liebe, „im Gegenteil. Wir sind wie Tag und Nacht. Du entspringst der Angst und dem Mißtrauen. Ich bin ein Kind der Freude und des Vertrauens.“
„Nein, ich bin deine dunkle Seite, die du nicht wahrhaben willst. Und ich gebe dir die Kraft, um das Herz eines Menschen zu kämpfen“, behauptete die Eifersucht.
„Du gibst mir gar nichts“, erwiderte die Liebe, „denn wenn du kommst, bin ich nicht mehr da. Und deine Kraft nützt mir nichts. Wer um das Herz eines Menschen kämpft, hat es bereits verloren. Denn ich bin ein Geschenk.“

Gefühlscourage

Eine Liebe ohne Mut,
ohne die Fähigkeit,
sich in schwierigen Situationen
zu beweisen,
darf nicht mit sich zufrieden sein,
denn ihr fehlt etwas Wesentliches:
Gefühlscourage.

Wenn Angst
im entscheidenden Moment
die Liebe lähmt –
was ist sie dann wert,
wen kann sie überzeugen?
Eine Liebe,
die sich zurückzieht,
wenn es hart auf hart kommt,
ist feige –

mutige Liebe
überwindet die Angst.

Deine Ängste haben Angst

Deine Ängste haben Angst
vor meiner Liebe,
weil sie nicht blind ist,
weil sie durch die
Fassaden deines Lebens sieht,
als wären sie aus Glas.

Deine Ängste haben Angst
vor meiner Liebe,
weil sie die Wahrheit liebt
und deinem Schauspiel
den Applaus verweigert.

Deine Ängste haben Todesangst
vor meiner Liebe,
weil sie ihre Gesetze bricht
wie trockenes Holz
für ein Freudenfeuer.

Tiefensehnsucht

In deinem
klaren, offenen Blick
strahlt eine Schönheit,
die aus der Tiefe
deiner Seele kommt
und in mir
die Sehnsucht weckt,
über den Schatten
deiner Angst zu springen
und dich ganz zärtlich
in den Sonnenschein
meiner Liebe zu führen.

Die Liebe bewegt uns

Wenn die Liebe an die Tür
meiner Seele klopft,
und ich ihr nicht öffne,
muß ich mich ernsthaft fragen,
warum ich überhaupt lebe.

Wer sich vor der Liebe
fürchtet und feige versteckt,
anstatt sich ihr zu öffnen
und mutig mit ihr zu gehen,
erstarrt und verödet innerlich,
denn die Liebe bewegt uns,
und nur in der Bewegung
bleiben wir lebendig.

Liebe erfordert Mut

Liebe erfordert Mut und die Kraft,
stets aufs neue den eigenen
schlechten Erfahrungen zu trotzen.
Wer sich für immer verschließt,
aus der verständlichen Angst,
ein weiteres Mal enttäuscht zu werden,
mag sich für lebensklug halten –
doch im Grunde ist er nur
skeptisch und ängstlich geworden.
Und das Feuer der Liebesfähigkeit
in seiner Seele wird erlöschen,
wenn er seine Angst
nicht rechtzeitig überwindet.

Es gibt Menschen

Es gibt Menschen,
die Angst davor haben,
sich in einer Liebe zu verlieren,
ohne sich ernsthaft zu fragen,
ob sie sich überhaupt schon
gefunden haben.

Grenzenlos

Bevor ein Liebeszauber
zwischen zwei Menschen
sich entfalten kann,
müssen sie bereit sein,
ihre Blicke ohne Angst
ineinander sinken zu lassen –

zeitlos, grenzenlos.

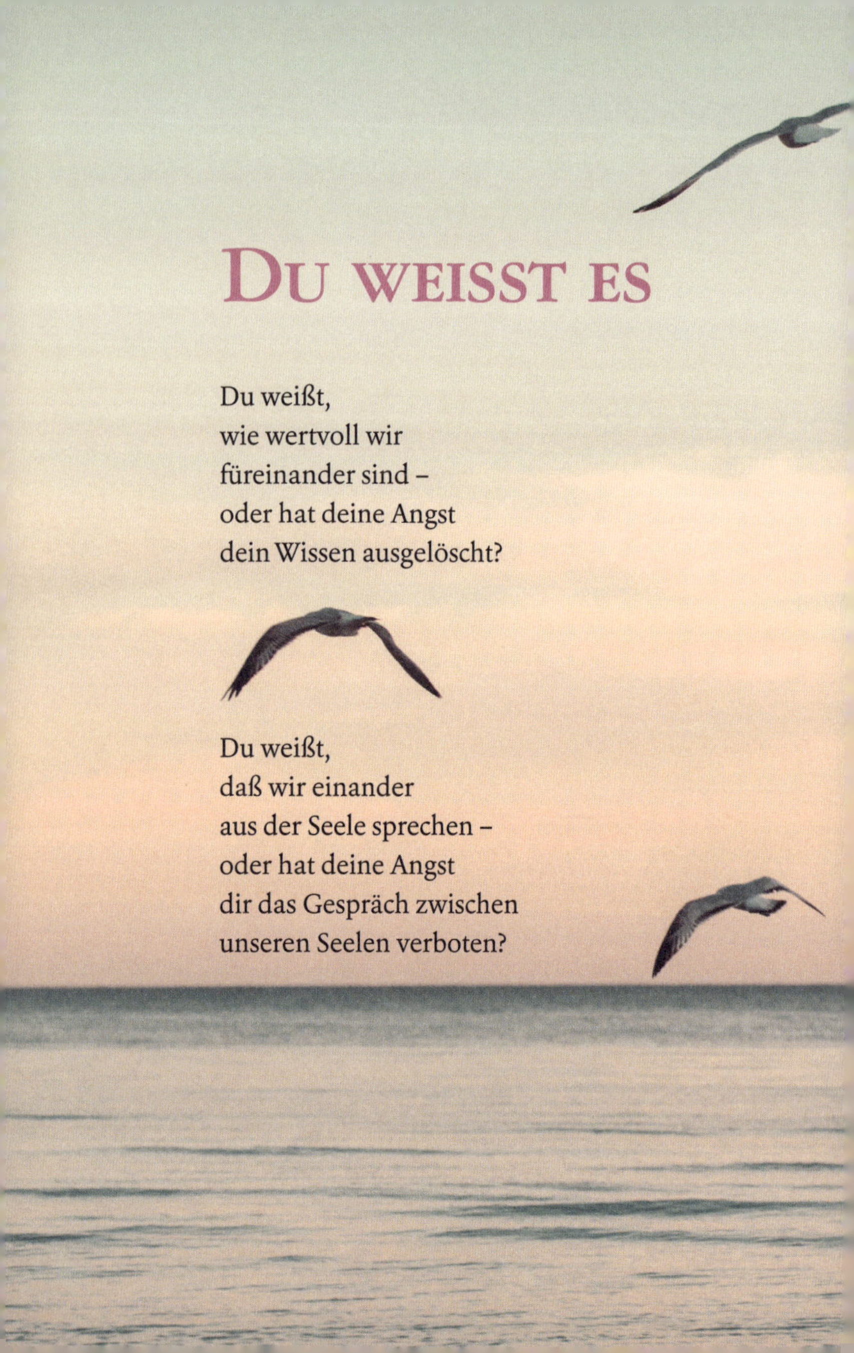

Du weisst es

Du weißt,
wie wertvoll wir
füreinander sind –
oder hat deine Angst
dein Wissen ausgelöscht?

Du weißt,
daß wir einander
aus der Seele sprechen –
oder hat deine Angst
dir das Gespräch zwischen
unseren Seelen verboten?

Du weißt,
daß du mir vertrauen kannst –
oder hat deine Angst
dich schon davon überzeugt,
daß ich dich nur enttäuschen werde?

Die Zeit

Irgendetwas ist an dir,
das mir angst macht,
wir könnten uns verlieren,
bevor wir uns
wirklich gefunden haben.

Ich glaube,
es ist die Zeit,
die du dir nicht nimmst,
um mir die Angst zu nehmen.

Empfehlung

Hüte dich vor Menschen
mit sinnlosen Ängsten,
denn sie können
alles Sinnvolle zerstören,
das du mit ihnen
aufzubauen versuchst.

Nicht so schlimm

Das Herz lebt nicht
von der Vergangenheit,
Gewohnheit ist
keine Gemeinsamkeit,
Angst vor dem Alleinsein
ist nicht so schlimm
wie die Einsamkeit
zu zweit.

Doch du hast Angst

Du erwartest zu viel von mir,
wenn du von mir erwartest,
nicht zu viel von dir zu erwarten.

Ich erwarte nur das,
was möglich ist –
weil ich es spüre.

Du spürst es auch.
Doch du hast Angst davor.

Erwarte nicht von mir,
daß ich sie mit dir teile.

Fragestellung

Warum ich Angst habe,
mehr Nähe zu dir zu wagen?

Weil du mir gern
Steine in den Weg legst,
wenn ich auf dich zukomme.

Also müßte ich eigentlich
dich fragen,
warum du Angst hast,
Nähe zu mir zu wagen.

Deine Rückkehr

Jetzt bist du zurückgekommen,
hast doch noch einmal
an die Tür geklopft,
die ich dir damals
nicht öffnen konnte –
aus Angst sicherlich,
aus Schwäche vielleicht.

Länger als ein Jahr
hast du gezögert –
welch ein Geschenk
hast du mir heute
mit deinem Besuch gemacht!

Froh wie einen Schmetterling
über einer bunten Blumenwiese
hast du mich zurückgelassen,
und ich gebe dir mein Wort:
Du wirst nie wieder
vergeblich meine Nähe suchen.

Das Licht der Seele

Ich schließe die Augen
und sehe das warme Licht,
das zwischen uns
entstanden ist –

ein Licht,
das nur die Seele sieht
und spürt –

das mich lächeln
und vergessen läßt,
daß ich Angst hatte,
es könnte erlöschen.

Das letzte Lächeln

Ein Schuljunge, der seine Großmutter im Krankenhaus besuchen wollte, verirrte sich in den langen Gängen des großen Hospitals und verwechselte in seiner Verwirrung die Nummer des Krankenzimmers.
So betrat er einen Raum, in dem eine fremde alte Frau in einem Einzelbett lag, die ihn mit einem flehenden Blick anschaute und die Hand nach ihm ausstreckte.
Der Junge wußte sofort, daß die Frau im Begriff war zu sterben. Sein Herz begann, schneller zu klopfen. Er spürte, wie ihm im ganzen Körper heiß wurde. Wie er Angst bekam vor der Begegnung mit dem Tod. Und doch wollten seine Beine nicht dem Befehl seiner Angst gehorchen, so schnell wie möglich zu verschwinden.
Einige Sekunden blieb er unschlüssig stehen, senkte den Kopf, starrte seine Schuhe an und wußte nicht, was er tun sollte.
Als er den Blick wieder hob und sah, daß die Frau ihn immer noch mit einem Flehen in den Augen anschaute, das ihm fast sein Herz zerriß, ging er kurzentschlossen auf sie zu, nahm ihre ausgestreckte Hand in seine beiden Hände und setzte sich neben sie auf ihr Bett.
„Danke“, flüsterte die alte Frau, während Tränen über ihr Gesicht liefen.

Auch dem Jungen standen Tränen in den Augen. Im Zimmer war es so still, daß er die Zeit atmen hören konnte. Seine Angst war ohne ihn geflohen.
Das dankbare Lächeln, das die alte Frau ihm schenkte, bevor sie für immer die Augen schloß, sollte er sein Leben lang nicht vergessen.
Als er das Zimmer der Frau verließ, wurde ihm bewußt, daß er sich nicht verirrt hatte.

Jeder Blick

Jeder zärtliche Blick,
jede intensive Umarmung,
jede liebevolle Begegnung
zwischen zwei Menschen
ist ein Sieg über Angst,
Enttäuschung und Mißtrauen.

Innere Einzelhaft

Man sagt,
viele Wege führen nach Rom.
Zu deinem Herzen
genügte mir einer schon.

Doch da ist nur
eine hohe, starke Mauer –
ein imponierender Schutz
gegen Enttäuschung und Trauer.

Jeder Stein scheint zu sagen,
man soll dich in Ruhe lassen.
Gratuliere! Du hast die Sicherheit
eines Gefängnisinsassen.

So etwas nenne ich
selbstverhängte innere Einzelhaft.
Hast du für einen Ausbruch überhaupt
noch genug Mut und Kraft?

Verschiedene Wege

Du sagst,
ich habe dich erschüttert –
so sehr, daß du befürchtest,
von deinem Weg abzukommen.

Auch du hast mich bewegt,
doch ich teile deine Angst nicht.
Wenn ich durch dich
von meinem Weg abkomme,
ist es mein Weg,
von meinem Weg abzukommen.

Ich bring dir Muscheln mit

Du siehst so verschlossen aus.
Selbst meine mutigsten Blicke
können dich nicht erreichen.
Ich weiß, wovor du Angst hast.
Zieh deine Zäune,
Zäune machen gute Nachbarn.
Vielleicht kannst du ja
meine Pflanzen gießen,
wenn ich auf Reisen bin.
Ich bring dir dafür
Muscheln von den Stränden mit.
Und wenn wir uns sehen,
schauen wir uns
aus sicherer Entfernung an,
um nicht versehentlich
ein neues Feuer zu entzünden.

Vom Mut

Mut machen
kann uns nur ein Mensch,
der selber Mut hat.

Entmutigen
kann uns jeder –

wenn wir es zulassen.

Was ich dir wünsche

Die Wahrheit kann dich
genauso gut
zur Entschlossenheit führen
wie der Irrtum.
Die Angst kann dich
genauso gut
zu einer Entscheidung führen
wie der Mut.
Das Vertrauen kann dich
genauso gut
zu einer Erfahrung führen
wie die Skepsis.

Ich wünsche dir die Weisheit,
zwischen den guten
und den schlechten Führern
unterscheiden zu können.

Ein zweischneidiges Schwert

Die Angst ist ein zweischneidiges Schwert.
Sie kann dich vor Verletzungen
und Verlusten schützen,
aber auch schöne Erfahrungen
und Gewinne verhindern.
Deshalb mußt du sie manchmal
auch überwinden können,
mußt gegen deine Angst handeln,
um deine Möglichkeiten ganz auszuschöpfen.
Denn wer in Angst erstarrt,
verweigert sich dem Leben.
Und wer trotz seiner Angst etwas wagt,
wer sich etwas zutraut, hat gute Chancen,
daß sein Mut belohnt wird.

Auch wenn du schon zehn Chancen verpaßt hast:
Nutze die elfte, anstatt dich wieder
von deinen Zweifeln lähmen zu lassen.

Wenn du dem Leben vertraust

Wenn du dem Leben vertraust,
hast du keine Angst davor,
daß es dich in die Irre führt,
sondern du bist voller Zuversicht,
daß alles, was es mit dir macht,
letztlich sinnvoll und gut für dich ist,
daß jeder Fehler, den es dich begehen läßt,
dich mit wertvollen Einsichten belohnt,
daß jeder scheinbare Umweg,
auf den es dich führt,
ein Teil deines Weges ist,
und daß jedes vermeintliche Hindernis,
das es dir in den Weg stellt,
eine Herausforderung ist,
die dich wachsen und reifen läßt
und zu der Weisheit führt,
die du brauchst,
um deinen Weg zu vollenden.

Zuruf

Komm, laß dich los.
Laß dich in den Schoß
des Lebens fallen –
und das Leben fällt
dir in deinen.

Lebensfrucht

Weisheit
ist die Frucht
eines intensiv,
mutig und bewußt
gelebten Lebens.

Schwellenangst

Immer,
wenn die Tür ins
Ungewisse sich öffnet,
verschließt sich deine Seele
und zieht sich zurück zu dem,
was sie kennt
und für sicher hält.

Ihre Schwellenangst
läßt dich versäumen,
wonach du dich sehnst.

Du solltest ihr Mut machen,
sonst versäumt sie
erneut das Entscheidende.

Besser so

Es ist besser,
geflogen und abgestürzt,
als immer
mit beiden Füßen
auf dem Boden
geblieben zu sein.

Lebensbejahung

Lebensbejahung ist das Zauberwort,
das fast alle Türen öffnet.
Es nimmt Ängsten ihre Macht,
schlechten Erfahrungen ihr Gift
und dem Mißmut seinen Mut.

Vertrauensfrage

Wenn du das Leben
wirklich kennenlernen willst,
mußt du dich ihm anvertrauen,
darfst keine Angst vor ihm haben,
keine Scheu vor seiner Natur,
die auch deine ist.

Erkennst du sie,
hast du dich erkannt.

Raumgestaltung

Die Angst vor dem Morgen
kann dir die Freude
an dem Heute nehmen.
Die Freude am Heute
kann dir die Angst
vor dem Morgen nehmen.

Je mehr Raum
du der Freude gibst,
desto weniger Raum
kann die Angst gewinnen.

Seltsam

Ein Weisheitslehrer wurde von einem Besucher ohne Umschweife gefragt: „Wie hast du Weisheit gefunden?"
Der Mann lächelte und sagte: „In dem Augenblick, als ich aufhörte, sie zu suchen."
„Kannst du das näher erläutern?" fragte der Besucher.
„Ich erkannte", erklärte der Weise, „mit einem Schlag, daß gerade mein Wille, Weisheit zu erlangen, mich daran hinderte, sie zu gewinnen. Also gab ich den Willen auf, sie zu erlangen. Und in diesem Augenblick erlangte ich sie."
„Seltsam", sagte der Besucher.
„Ja", stimmte der Weise ihm zu.
„Hast du keine Angst, die Weisheit wieder zu verlieren?" fragte der Besucher.
„Aber nein", war die Antwort. „Denn ich habe nicht nur den Willen aufgegeben, sie zu gewinnen – auch den Willen, sie nicht zu verlieren."

Unberechenbar

Du hast Angst
vor dem Unwägbaren
zwischen dir und mir,
würdest es gern berechnen,
die möglichen Gewinne
und Verluste einschätzen.
Doch du kannst es nicht,
denn du kennst es kaum –
aber immerhin so gut,
daß es dir angst macht.

Unsere Wahrheit kannst
du nicht berechnen.
Du wirst sie erkennen,
wenn du dich von ihr
mit geschlossenen Augen
ins Unberechenbare führen läßt.

Öffne die Tür

Freue dich nicht
allzu sehr auf Ereignisse,
die vielleicht nicht eintreten.
Habe keine Angst vor Problemen,
die vielleicht nicht entstehen.

Laß die Zukunft
auf dich zukommen.
Öffne die Tür,
wenn du vor ihr stehst.

Eigentlich

Wenn die Angst
vor schlechten Erfahrungen
größer ist als die Sehnsucht nach guten,
entsteht eine Erlebnisarmut,
vor der man eigentlich
die allergrößte Angst haben sollte.

Kondolenz

Lieber das bekannte Unglück
als das unbekannte Glück?
Sicher ist sicher,
es könnte ja immer
noch schlimmer kommen?
Lieber die vertraute Angst
als das beängstigende
Vertrauen ins Leben?

Herzliches Beileid!

Das Leichtere

Es ist leichter zu denken
als zu fühlen –
leichter, Fehler zu machen,
als das Richtige zu tun.

Es ist leichter zu kritisieren
als zu verstehen –
leichter, Angst zu haben
als Mut.

Es ist leichter zu schlafen
als zu leben –
leichter zu feilschen,
als einfach zu geben.

Es ist leichter zu bleiben,
was man geworden ist,
als zu werden,
was man im Grunde ist.

Sehnsucht

Sehnsucht ist
immer ein Zeichen
von Unzufriedenheit
mit dem Erreichten –
der sehnliche Wunsch
nach einem besseren,
glücklicheren Leben.

Sehnsucht ist die Kraft,
die uns hoffen
und träumen läßt –
und uns den Mut gibt,
das Unmögliche zu versuchen,
um das Mögliche zu finden.

Kleines Selbstportrait

Ich liebe die Liebe.
Ich habe die Freiheit
gesucht und gefunden,
meine Leidenschaften entdeckt
und gelernt, sie zu leben,
ohne unter ihnen zu leiden.
Ich schätze die Wahrheit
und brauche die Weisheit,
lasse mich von der Angst
nicht lange hinters Licht führen –
und umarme das Wunderbare,
ohne mich daran zu klammern.

Die Angst vorm Fliegen

Die größte Feindin der Liebe,
der Erkenntnis und der Weisheit
ist die Angst vor dem Neuen,
dem Unbekannten, Unberechenbaren –
also letztlich vor dem Leben.

Doch welchen Sinn hat es,
Angst vor dem zu haben,
was uns geboren hat
und was uns sterben läßt?

Kein Vogel hat Angst vorm Fliegen.
Deine Seele will fliegen, muß fliegen,
um sich nicht selbst zu vergessen.
Hindere sie nicht daran
mit deiner Angst vorm Absturz,
sonst verkümmern ihre Flügel.

Und du wirst traurig,
ohne zu wissen warum.

Leicht sollst du sein

Leicht sollst du sein
wie eine Feder im Wind,
scharf soll das Messer sein,
mit dem du die Seile kappst,
an denen das Schwere hängt,
das dich hinunterziehen will.

Fliegen sollst du hoch
in einen freien Himmel –
ein Lächeln im Gesicht,
den Blick gerichtet
ins Grenzenlose.

Priorität

Immer sollte die Angst,
daß etwas Gutes nicht beginnt,
größer sein als die Angst,
daß es enden wird.

Hindernisse

Die größten Hindernisse auf dem Weg
zur Verwirklichung unserer Träume
sind unsere Ängste vor dem Scheitern,
vor Enttäuschung und Desillusionierung.
Deshalb ist Mut unentbehrlich –
auf der täglichen Reise zum Lebensglück.

Deine Flügel

Laß die Liebe frei,
die du in dir gefangenhältst,
aus Angst, sie könnte
den Rahmen deines Lebens sprengen,
wenn du sie gehen läßt,
wohin sie gehen will.

Ich weiß einen Himmel,
dort könnte sie fliegen.
Auch wenn du ihre Flügel
vor dir selbst versteckst –
ich habe sie gesehen.

Man braucht Lebensmut

Nichts Außergewöhnliches kann gelingen
ohne die Zuversicht, daß es gelingen wird.
Der Optimist ist inspiriert
von seinem Glauben,
der Pessimist ist blockiert
von seiner Skepsis.
Er verzichtet auf die Freude
aus Angst vor möglichem Leiden.
Er verschließt sich dem Glück aus Angst
vor möglicher Enttäuschung.

Man möchte ihm mehr Mut wünschen –
Lebensmut, Liebesmut.

Leicht gesagt

Deine Ängste in Ehren,
aber dir bleibt
keine andere Wahl,
als sie zu verlieren,
wenn du deine Träume
leben willst.

Freundesrat

Ein Mann hatte die seltene Fähigkeit, schlummernde Möglichkeiten in anderen Menschen zu erkennen, und oft auch den Drang, sie in ihnen zu erwecken.
Doch fast immer scheiterte er mit seinen Versuchen, anderen ihre unbewußten Sehnsüchte, ihre verborgenen Talente und verdrängten Ansprüche ans Leben bewußt zu machen. Die meisten Menschen scheuten vor ihrer Selbstentfaltung zurück wie Puppen, die sich weigerten, Schmetterlinge zu werden. Es schien fast so, als fürchteten sie sich vor sich selbst.
Und so stieß er, der innere Türen öffnen wollte, immer wieder gegen Mauern aus Angst und Skepsis.
Das machte ihn stets aufs neue traurig, bis sein bester Freund ihm sagte: „Laß die Menschen schlafen, wenn sie schlafen wollen! Für viele ist das Erwachen ein Schmerz, den sie nicht bereit sind zu ertragen."

Starke Erfahrungen

Viele scheitern
an der Liebe,
weil ihre Angst,
sich dem anderen
in die Hand zu geben,
größer ist als die Sehnsucht
nach Nähe und Vertrauen –
und die schlechten Erfahrungen
stärker sind
als die guten Hoffnungen.

Auch wenn

Manche Menschen
versuchen zu vernichten,
was sie nicht verstehen;
denn zu verstehen
heißt nicht selten,
sich zu verändern –
und davor haben sie
die größte Angst,
auch wenn sie sich zugleich
nichts sehnlicher wünschen.

Himmlisch

Über den Wolken
der Sprache gibt es
einen wunderbaren Himmel
des Schweigens,
den nur die Seele kennt,
die keine Angst
vor dem Fliegen hat.

Drei Fragen

Wie viele Schattierungen
hat die Sehnsucht?
Wie viele Träume
hat ein Mensch?
Und wie tief und gefährlich
ist der Fluß seiner Angst
vor dem Scheitern?

Gerade dieser Glaube

Manches glückt uns nur,
wenn wir daran glauben,
daß es uns gelingt –

denn gerade dieser Glaube
gibt uns die nötige Kraft
und innere Leichtigkeit,
um das zu verwirklichen,
was wir uns erträumen.

Die Weisheit der Träume

Als Tschuang Tse um die Mittagszeit von einem Spaziergang zurückkehrte, wartete ein junger Mann auf ihn vor seinem Haus, verneigte sich höflich und fragte: „Bist du Tschuang Tse?"
„Ja, der bin ich."
„Mein Name ist Min Teng. Ich habe eine Nachricht für dich."
„Laß uns hineingehen", erwiderte Tschuang Tse.

Der junge Mann folgte ihm ins Innere seines kleinen Hauses, schloß die Tür hinter sich und sagte: „Es ist keine gute Nachricht. Du wirst gleich sterben!“
Min Teng zückte seinen Dolch, um Tschuang Tse zu töten, doch etwas hinderte ihn daran, den Stoß in sein Herz auszuführen. War es die Verblüffung darüber, daß er nicht die geringste Furcht vor dem Sterben zeigte? Nicht eine Spur von Angst war in seinem Blick. Er sah Min Teng mit einer Gelassenheit an, die ihn maßlos verwirrte.

Je länger Min Teng in Tschuang Tses Augen sah, desto deutlicher wurde ihm bewußt, daß er ihn nicht töten konnte, ohne zuvor herauszufinden, warum er sich nicht vor dem Sterben fürchtete. Außerdem hatte ein Mann, der mit solchem Gleichmut der Zerstörung seines Lebens entgegensah, eine Aufklärung über den Grund seines Todes verdient.
„Wollen wir uns nicht setzen? Meine Beine sind etwas müde von meinem Morgenspaziergang."
Min Tengs Verwunderung über Tschuang Tses Sorglosigkeit wuchs. Hatte der Mann, den viele für einen großen Weisen hielten, seinen Verstand verloren?
Unwillkürlich streifte Min Tengs Blick über die karge Einrichtung des Raumes. Tschuang Tse lebte in Armut. Nur das Allernötigste war in seinem kleinen Haus vorhanden und von den Spuren langen Gebrauchs gezeichnet. Seine abgetragene Kleidung hatte kleinere Löcher und Risse, seine Schuhe waren mit Schnüren zusammengebunden, damit sie nicht auseinanderfielen.
Die Tötung des schlanken, fast schmächtigen Mannes, der in Lumpen herumlief und sich gerade so unbekümmert auf einem der beiden zerschlissenen Sitzkissen niederließ, als hätte er die Lage der Dinge überhaupt nicht verstanden, würde ein Kinderspiel sein. Tschuang Tse war nicht mehr der Jüngste und trug keine Waffe am Körper, mit der er sich hätte verteidigen können. Er strahlte mit allen Fasern seines Wesens aus, daß er kein Kämpfer war. Von diesem seltsamen Mann ging nicht die geringste Gefahr aus,

er wirkte wehrlos und arglos wie ein Kind. Ohne daß Min Teng hätte sagen können warum, störte ihn die Leichtigkeit, mit der sich Tschuang Tses Leben vernichten ließ.
„Hast du keine Angst vor dem Tod?" fragte Min Teng, schob seinen Dolch in die Scheide zurück und setzte sich auf das andere Strohkissen.
„Warum sollte ich?"
„Alle Menschen fürchten den Tod!"
„Nur diejenigen, die nicht wissen, daß er nicht zu fürchten ist. Warum willst du mich töten?"
„Hauptmann Feng, der Führer der Palastwache des Prinzen Yan, gab mir den Befehl dazu. Prinz Yan hält dich für einen gefährlichen Mann, dessen Gedanken und Worte die Menschen im Land in geistige Verwirrung stürzen können."
Tschuang Tse lachte auf. „Sie sind bereits so verwirrt, daß es unmöglich wäre, sie in noch größere Verwirrung zu stürzen!"
„Du lachst im Angesicht deines Todes?"
„Ich lache, weil ich etwas Lustiges gehört habe."
„Deine Furchtlosigkeit beeindruckt mich."
„An dir kann ich bislang nichts Beeindruckendes entdecken."
„Ich bin nicht hier, um dich zu beeindrucken."
„Darf ich dir eine Schale Wasser anbieten?" fragte Tschuang Tse und stand auf.

Während Min Teng noch darüber nachdachte, ob es recht war, Wasser von einem Mann anzunehmen, den er gleich erdolchen würde, hatte Tschuang Tse einen Krug mit Wasser und zwei Schalen auf den Tisch gestellt und sich wieder auf dem Sitzkissen niedergelassen.

Min Teng goß Wasser in eine der beiden Schalen. „Genieße dieses Wasser! Es wird dein letztes sein."

„Ich frage dich, Min Teng: Ist es nicht verwunderlich, daß ein mächtiger, reicher Mann wie Yan, der Prinz von Sung, einen machtlosen, armen Mann wie mich so sehr fürchtet, daß er meinen Tod will?"

„Es steht mir nicht zu, die Beweggründe des Prinzen in Frage zu stellen. Du bist ein Schädling, denn dein Denken vergiftet den gesunden Menschenverstand und verwirrt das Volk, auch wenn manche dich für einen Dichter halten, sogar für einen Weisen. Trinke dein Wasser, Tschuang Tse!"

Tschuang Tse nahm die Schale und stellte sie vor Min Teng auf den Tisch. „Trink du es! Oder fürchtest du, daß es vergiftet ist?"

Min Teng widerstand dem Antrieb, erneut seinen Dolch zu ziehen. Warum zögerte er, den Befehl des Prinzen von Sung auszuführen? Sicherlich war es Tschuang Tses Furchtlosigkeit, die ihn nach wie vor beeindruckte, aber mehr noch war es das Verlangen zu erfahren, was der Grund dieser Todesverachtung war. Er saß keinem gebrechlichen Greis gegenüber, der ohnehin bald sterben würde, sondern einem Mann im Herbst seines Lebens, der heiter und zufrieden wirkte, offensichtlich bei bester Gesundheit war und sich noch viele Jahre seines Daseins freuen konnte.

„Warum ist deiner Ansicht nach der Tod nicht zu fürchten, obwohl fast alle Menschen Angst vor ihm haben?“ fragte Min Teng.
„Sie fürchten ihn, weil sie ihn nicht kennen.“
„Du kennst ihn auch nicht, Tschuang Tse. Aber du wirst ihn gleich kennenlernen! Danach wirst du mir allerdings nicht mehr sagen können, ob er wirklich nicht zu fürchten ist.“
„Min Teng, wie kannst du wissen, ob die Furcht vor dem Tod nicht der Furcht eines Kindes gleicht, das glaubt, ins Ungewisse, ins Unbekannte zu gehen, ohne zu wissen, daß es sich in Wahrheit auf dem Heimweg befindet? Eine junge Frau, Tochter armer Eltern, wurde gegen ihren Willen an den Hof eines Königs geholt und weinte deshalb bittere Tränen. Als sie jedoch im Palast des Königs lebte, mit ihm das weiche Lager teilte und das üppige Mahl an seiner Tafel genoß, bereute sie ihre Tränen bald. Ich frage dich, Min Teng: Wie kannst du wissen, daß die Toten nicht auch bereuen, daß sie einst mit allen Fasern ihres Wesens am Leben hingen?“
„Ich weiß es nicht. Niemand weiß es. Auch du nicht, Tschuang Tse!“
„Wie kannst du das wissen? Du bist nicht ich.“
„Weil du ein Mensch bist, und kein Mensch weiß, was nach dem Tod sein wird.“
„Und wenn ich es weiß, auch wenn ich ein Mensch bin?“
„Wie solltest du es wissen können?“

„Die Einsicht ist zu mir gekommen, ohne daß ich sie gesucht habe. Alles wahre Wissen kommt auf diese Weise. Der Tod ist nicht etwas, das wir fürchten sollten."

Min Teng fragte sich, ob es möglich war, daß ein Mensch mehr vom Tod wissen konnte als die anderen.

„Vor vielen Jahren unternahm ich eine Wanderung", erzählte Tschuang Tse. „Ich wandere gern ziellos umher, weil dies die beste Art ist, ans Ziel zu kommen. Dabei fand ich einen Totenschädel, der von der Witterung gezeichnet war, aber seine Form bewahrt hatte. Ich berührte ihn mit meinem Wanderstab und fragte: ‚Warst du einmal ein allzu Gieriger, dessen Maßlosigkeit dich hierhin gebracht hat? Oder ein Verräter, der mit dem Beil hingerichtet wurde? Warst du ein gemeiner Schurke, der Schande über seine Familie gebracht hat? Vielleicht ein Bettler, der durch Hunger und Kälte umkam? Oder bist du ganz einfach an Altersschwäche gestorben?'

Ich nahm den Schädel auf meine Wanderung mit und legte ihn später, als ich müde wurde, wie ein Kissen unter meinen Kopf. Im Traum erschien mir der Totenschädel und sagte: ‚Du hast zu mir geredet wie ein Schwätzer. Alle deine Worte drückten nur die Sorgen der Lebenden aus. Im Tod aber gibt es nichts von alledem. Soll ich dir etwas vom Tod erzählen?'

Ich bat ihn darum, und er sagte: ‚Im Tod gibt es kein Oben und kein Unten, keinen Herrscher und keinen Knecht. Es gibt keine Zeit und auch keinen Raum. Das Glück eines Königs auf seinem Thron ist gering im Vergleich zum Glück der Toten.'

Ich glaubte dem Totenschädel nicht und fragte ihn: ‚Wenn ich der Lenker des Schicksals wäre und deinen Körper zu neuem Leben erwecken könnte, dir wieder Fleisch und Knochen, Haut und Muskeln, Familie und Freunde geben würde, wärst du darüber nicht erfreut?'

Der Schädel starrte mich aus seinen Augenhöhlen an und antwortete: ‚Warum sollte ich mein himmlisches Glück aufgeben, um wieder alle Mühen, Sorgen und Leiden der Menschenwelt auf mich zu nehmen?'

Nach dieser Antwort erwachte ich aus meinem Traum und wußte, daß ich das Ziel meiner Wanderung erreicht hatte. Denn ein Toter hatte mir etwas Wesentliches über den Tod erzählt."

Min Teng schüttelte unwillig den Kopf. „Ich habe auch schon seltsame Träume gehabt, aber ich wäre nie auf den Gedanken gekommen, ihnen eine wirkliche Bedeutung zuzumessen."

„Das wundert mich nicht, denn du bist ein Handlanger des Prinzen von Sung, der bekanntlich ein gewissenloser Schurke ist. Wie kann man von einem Menschen wie dir erwarten, daß er die Weisheit versteht, die uns durch unsere Träume geschenkt wird?"

Wenn du daran glaubst

Wenn die Wahrheit
dir nicht weiterhilft
und die Hoffnung
nicht erreichbar scheint,

wenn das Lächeln
nicht gelingen will,
weil tief innen
etwas leise weint,

wenn die Zeit
auf dir lastet,
anstatt dich zu tragen –

dann mußt du springen
über deinen Schatten
in ein anderes Gefühl.

Es wird dir gelingen,
wenn du daran glaubst,
daß es gelingen kann.

Ein gewaltiger Sprung

Etwas ist geschehen.
Was lange immer nur
zwei Schritte vorwärts
und einen zurück ging,
hat einen gewaltigen Sprung
über mehrere Hindernisse
auf einmal gemacht –

völlig unverhofft
und mit einer Kraft,
die mir angst machen könnte,
wenn ich ihr nicht
rückhaltlos vertrauen würde.

Gerade deshalb

Glaube den Leuten nicht,
die dir sagen, das Licht
am Ende des Tunnels
seien die Scheinwerfer
des entgegenkommenden Zuges.
Sie sind verbittert –
und deshalb schlechte Ratgeber.
Sie sind Zyniker –
also Menschen,
die zu lange nicht mehr glücklich waren.

Für vertrauensvolle Menschen
ist das Licht am Ende des Tunnels Sonnenlicht.
Sie gehen ihm angstfrei
durch die Dunkelheit entgegen –
und stolpern gerade deshalb nicht.

Dein Sprung

Du bist ganz einfach
über den Schatten
deiner Ängste gesprungen
und hast mir gezeigt,
was du fühltest,
als ich schon
so gut wie sicher war,
daß die Mauer
deiner Worte halten würde.

Schön war dein Sprung,
unverhofft mutig und sanft,
mitten ins Herz
des befreiten Augenblicks.

Eines Tages vielleicht

Vielleicht hast du
den Zauber zwischen uns entkräftet,
vielleicht hast du ihn
auch nur aufgehalten
mit deiner Angst vor seiner Kraft,
und eines Tages wird er
größer sein als deine Angst,
wird ihr über den Kopf
und in die Wahrheit sehen.

Vielleicht wird dieser Tag
auch niemals kommen,
doch wenn er kommt,
werde ich ihn umarmen,
ohne zu zögern.

Angst oder Mut

Wenn du wirklich wissen willst,
ob du einem Menschen vertrauen kannst,
mußt du es wagen,
ihm Vertrauen zu schenken.
Du mußt ihm eine echte Chance geben.
Mit Halbherzigkeit kannst du
es nicht herausfinden.

Dein Vertrauen kann mißbraucht werden –
aber es kann auch belohnt werden.
Alles hängt davon ab,
ob du dich auf die Seite
der Angst oder des Mutes stellst.

Dein Verstand stellt sich
prinzipiell auf die Seite der Angst.
Deshalb laß deine Intuition entscheiden!

Die Angst und der Verstand

Als die Angst dem Verstand begegnete, sagte sie: „Bin ich froh, daß ich dich treffe! Hast du ein paar Minuten für mich? Ich habe etwas auf dem Herzen."

Der Verstand nickte. „Was bedrückt dich denn?"

„Nun ja, ich war immer davon überzeugt, daß ich nützlich und hilfreich bin, daß ich den Menschen diene, aber nun sind mir Zweifel gekommen, die mir zu schaffen machen."

„Wie ist es dazu gekommen?" fragte der Verstand.

Die Angst atmete tief durch. „Ich habe zwei Männern empfohlen, ihren sicheren Beruf nicht aufzugeben, mit dem sie unglücklich waren, weil sie durch die Aufgabe ihres Berufes noch unglücklicher werden würden. Beide fühlten sich zu künstlerischen Tätigkeiten hingezogen, der eine zum Malen, der andere zum Musizieren. Ich sagte ihnen, Malen und Musizieren sei ja schön, aber wer könne davon schon seinen Lebensunterhalt bestreiten. Beide schlugen meinen Rat in den Wind. Der eine wurde ein erfolgreicher und zufriedener Maler, der andere ein erfolgloser, todunglücklicher Musiker, der seine Miete nicht mehr zahlen konnte und obdachlos wurde. Da kamen mir erste Zweifel an meiner Nützlichkeit."

„Erzähl weiter", sagte der Verstand.

„Kurz darauf versuchte ich, zwei Frauen zu helfen, die in zwei Männer verliebt waren, aber nicht wußten, ob sie sich ihnen ganz und gar anvertrauen konnten. Beiden sagte ich, daß sie es besser unterlassen sollten, denn nie ist ein Mensch so verletzlich und bedroht wie als vertrauensvoll Liebender. Doch die beiden Frauen warfen meinen eindringlichen Rat über Bord und begaben sich auf das dünne Eis der Liebe. Eine der beiden trug dieses Eis, sie erlebte den Himmel auf Erden, wurde glücklich und ist es noch immer. Die andere brach ein, stürzte in eisige Kälte und kann seitdem nicht mehr vertrauen, geschweige denn lieben. Das verstärkte meine Zweifel an meiner Nützlichkeit. Vier Menschen hatte ich meinen Rat gegeben, keiner von ihnen nahm ihn an. Zwei führte die Ablehnung meiner Hilfe ins Glück, zwei ins Unheil. Das entspricht einer Trefferquote von fünfzig Prozent. Ebensogut hätten diese Menschen eine Münze werfen können, statt meinen Rat zu suchen."

„Wirf dir nichts vor!" tröstete der Verstand die Angst. „Keiner kann in die Zukunft sehen, auch du nicht. Du hast deine Arbeit so gut wie möglich getan. Niemand ist unfehlbar."

Die Angst seufzte. „Damit hast du sicherlich recht, aber ich fühle mich tief verunsichert. Wie soll ich weiterhin so selbstbewußt gegenüber den Menschen auftreten – mit dieser schlechten Trefferquote meiner Empfehlungen im Hinterkopf?"

„Vielleicht ist es gar nicht so schlecht, daß dir deine Fehlbarkeit bewußt geworden ist", sagte der Verstand. „Denn ich meine, daß die Menschen oft allzu unkritisch deinem Rat folgen und sich damit ihr Leben unnötig schwermachen. Wenn sie spüren, daß du dir deiner Sache nicht so sicher bist, werden sie dir nicht so blind folgen."

„Du stellst meine Nützlichkeit in Frage?" erwiderte die Angst.

Der Verstand schüttelte den Kopf. „Du kannst nützlich sein, aber auch schädlich. Und du weißt nicht im vorhinein, ob du das eine oder das andere sein wirst, wenn du einen Menschen befällst. Dann ist es doch nur gut, wenn dieser Mensch spürt, daß dir deine Fehlbarkeit bewußt ist."

„Nein, das ist nicht gut", widersprach die Angst, „das wird meine Überzeugungskraft schwächen. Es ist schon schlimm genug, daß manche Menschen mir widerstehen."

„Es kommt dir also darauf an, in jedem Fall zu überzeugen, auch wenn du weißt, daß du dich täuschen kannst?" fragte der Verstand.

„Ja, darauf kommt es mir an. Wenn ich die Menschen spüren lasse, daß sie, statt meinem Rat zu folgen, ebensogut eine Münze werfen können, nehmen sie mich nicht mehr ernst. Und wenn ich etwas nicht ertragen kann, dann ist es, nicht ernstgenommen zu werden."

„Du solltest dich nicht so wichtig nehmen!" riet der Verstand.

„Wie kann ich das?" erwiderte die Angst. „Schließlich bin ich die Angst."

Weil du es bist

Weil du es bist,
springe ich lächelnd
über meinen Schatten,
versetze meine Zweifel
in den vorzeitigen Ruhestand
und lehre meine Ängste
das Fürchten.

Mutprobe

Ob ein Mensch
dein Vertrauen verdient,
kannst du manchmal
nur herausfinden,
wenn du so mutig bist,
es ihm zu schenken.

Deine Möglichkeiten

Lote zuversichtlich,
gelassen und beharrlich
deine Möglichkeiten aus.

Viele Menschen trauen sich
zu wenig zu und resignieren,
anstatt unbeirrt nach den
geheimen Kraftquellen zu suchen,
die in jeder Seele verborgen sind.

Zauberkraft

Ich weiß nicht,
woher es kommt,
aber es kommt immer wieder,
läßt sich nicht fortzweifeln,
läßt sich nicht wegdenken,
ist resistent gegen
den Virus der Angst
und bringt es fertig,
Tatsachen in Nebensachen
zu verwandeln –

mit einer Kraft,
die sich nicht entzaubern läßt.

Was letztlich zählt

Letztlich zählt das Handeln,
nicht das Wollen –
das Geschehen,
nicht die Möglichkeiten.

Letztlich zählt der Mut,
nicht die guten Vorsätze –
der Sprung,
nicht das Hindernis.

Inhaltsverzeichnis

Der Autor

Hans Kruppa ist einer der meistgelesenen deutschen Dichter und Aphoristiker. Er lebt als freier Schriftsteller in Bremen. Seine Gedichte und Märchen, Erzählungen und Romane, Aphorismen und Kurzgeschichten hat er in mehr als hundert Büchern mit einer Gesamtauflage von über zwei Millionen veröffentlicht. Einige seiner Bücher wurden in andere Sprachen übersetzt. Für sein schriftstellerisches Werk wurde Hans Kruppa mit dem New Yorker Otto-Mainzer-Preis ausgezeichnet.

„Er gilt als Meister der Liebeslyrik, als Mann, der mit dem Herzen denkt, als Realist mit Mut zu seinen Gefühlen. Hans Kruppa spielt gekonnt auf der Klaviatur der Zwischentöne und hat damit großen Erfolg." (Westfälische Nachrichten)

„Wer Hans Kruppa zuhört, dem können sich selbst die tristesten Stunden in „eine gute Zeit" verwandeln." (Deutsche Tagespost, Würzburg)

„Kaum ein deutscher Autor ist so vielseitig und erfolgreich wie Hans Kruppa. Ob er Liebeslyrik verfaßt, Märchen erzählt oder Romane schreibt, jedes Mal fließt viel Herzblut in seine Arbeit mit ein." (Visionen)

„Der Lyriker probiert, ohne daß er sich über die gesellschaftspolitische Lage Illusionen machte, auch „Schönwetterworte", und mit ihnen stellt sich Phantasie ein, Leichtigkeit..." (Die Zeit)

Mehr Informationen: www.hans-kruppa.de